AF131257

Le journal de mes
balades
et
randonnées

Ce journal appartient à

....

Si vous l'avez trouvé, merci de l'en informer :

☎ : ....

✉ : ....

© 2021, Nicole Bossy

Edition : BoD - Books on Demand
12/14 rond-point des Champs Elysées, 75008 Paris
Imprimé par Books on Demand GmbH, Norderstedt, Allemagne
ISBN : 9782322219131
Dépôt légal : avril 2021

Sommaire

Les numéros importants

A compléter avant de partir !

Service de secours : ....

☎ : ....

Service de secours : ....

☎ : ....

Service de secours : ....

☎ : ....

Service de secours : ....

☎ : ....

Service de secours : ....

☎ : ....

Médecin traitant : ....

☎ : ....

Assurance : ....

☎ : ....

N° police d'assurance : ....

Nom et Prénom : ....

☎ : ....

Nom et Prénom : ....

☎ : ....

Nom ct Prénom : ....

☎ : ....

Nom et Prénom : ....

☎ : ....

La Check-list de mon sac à dos

- ☐ Chapeau
- ☐ Bâtons de marche
- ☐ Eau
- ☐ Pique-nique
- ☐ Lunettes
- ☐ Carte
- ☐ Téléphone portable
- ☐ Guide
- ☐ Boussole
- ☐ ....
- ☐ ....
- ☐ ....
- ☐ ....
- ☐ ....
- ☐ ....
- ☐ ....
- ☐ ....
- ☐ ....

☐ Trousse de secours

☐ Crème solaire

☐Pansements

☐Crème piqures d'insecte

☐ ....

☐ ....

☐ ....

☐ ....

☐ Sortie en vélo

☐ Kit réparation pneus

☐ Pompe

☐ ....

☐ ....

☐ ....

☐ ....

☐ ....

☐ ....

☐ ....

☐ ....

Mes balades et randonnées

Date	lieu	page
		p.18
		p.22
		p.26
		p.30
		p.34
		p.38
		p.42
		p.46
		p.50
		p.54
		p.58
		p.62
		p.66
		p.70

Date	lieu	page
		p.74
		p.78
		p.82
		p.86
		p.90
		p.94
		p.98
		p.102
		p.106
		p.110
		p.114
		p.118
		p.122
		p.126

Sortie du : ....
Lieu : ....

Type de sortie :
Marche, Course, Vélo, Cheval, Ski..

Préparation :
Documents utilisés pour préparer mon itinéraire : cartes,

livres, internet...

....

Lieu de départ :..

Couleur du balisage : ....

Durée annoncée : ....

Météo prévue : ....

Itinéraire :
je trace dans ce cadre mon itinéraire

Compagnons de sortie :

....

....

Destination principale :

....

Heures :

départ :...................................... arrivée :..

Durée totale ....

Kilomètres parcourus :..

Nombre de pas :................... de calories :...................

Dénivelé : ....

Météo réelle : ....

Ma forme physique :

Avant :...

Pendant :..

Après : ....

J'ai aimé :

....

....

....

Mon paysage préféré :

....

....

....

Un moment magique :

....

....

....

Mes difficultés :

....

....

....

Mes notes personnelles sur cette sortie

Sortie du : ....
Lieu : ....

Type de sortie :
Marche, Course, Vélo, Cheval, Ski...
.

Préparation :
Documents utilisés pour préparer mon itinéraire : cartes,

livres, internet...

....

Lieu de départ : ....

Couleur du balisage : ....

Durée annoncée : ....

Météo prévue : ....

Itinéraire :
je trace dans ce cadre mon itinéraire

Compagnons de sortie :

....

....

Destination principale :

....

Heures :

départ :.......................................arrivée :...............................

Durée totale ....

Kilomètres parcourus :..

Nombre de pas :...................de calories :.................

Dénivelé : ....

Météo réelle : ....

Ma forme physique :

Avant :..

Pendant :...

Après :...

J'ai aimé :

Mon paysage préféré :

Un moment magique :

Mes difficultés :

Mes notes personnelles sur cette sortie

Sortie du : ....
Lieu : ....

Type de sortie :
Marche, Course, Vélo, Cheval, Ski...

Préparation :
Documents utilisés pour préparer mon itinéraire : cartes,

livres, internet...

....

Lieu de départ : ....

Couleur du balisage : ....

Durée annoncée : ....

Météo prévue : ....

Itinéraire :
je trace dans ce cadre mon itinéraire

Compagnons de sortie :

....

....

Destination principale :

....

Heures :

départ :...arrivée :...

Durée totale ....

Kilomètres parcourus :...

Nombre de pas :.................. de calories :.................

Dénivelé : ....

Météo réelle : ....

Ma forme physique :

Avant :...

Pendant :...

Après :...

J'ai aimé :

....

....

....

Mon paysage préféré :

....

....

....

Un moment magique :

....

....

....

Mes difficultés :

....

....

....

Mes notes personnelles sur cette sortie

Sortie du : ....
Lieu : ....

Type de sortie :
Marche, Course, Vélo, Cheval, Ski..

Préparation :
Documents utilisés pour préparer mon itinéraire : cartes,

livres, internet..

....

Lieu de départ : ....

Couleur du balisage : ....

Durée annoncée : ....

Météo prévue : ....

Itinéraire :
je trace dans ce cadre mon itinéraire

Compagnons de sortie :

....

....

Destination principale :

....

Heures :

départ :.....................................arrivée :............................

Durée totale ....

Kilomètres parcourus :...

Nombre de pas :...............de calories :................

Dénivelé : ....

Météo réelle : ....

Ma forme physique :

Avant :...

Pendant :..

Après :..

J'ai aimé :

....

....

....

Mon paysage préféré :

....

....

....

Un moment magique :

....

....

....

Mes difficultés :

....

....

....

Mes notes personnelles sur cette sortie

Sortie du : ....
Lieu : ....

Type de sortie :
Marche, Course, Vélo, Cheval, Ski..

Préparation :
Documents utilisés pour préparer mon itinéraire : cartes,
livres, internet..
....

Lieu de départ : ....

Couleur du balisage : ....

Durée annoncée : ....

Météo prévue : ....

Itinéraire :
je trace dans ce cadre mon itinéraire

Compagnons de sortie :

....

....

Destination principale :

....

Heures :

départ :................................. arrivée :...

Durée totale ....

Kilomètres parcourus :...

Nombre de pas :.................. de calories :.................

Dénivelé : ....

Météo réelle : ....

Ma forme physique :

Avant :..

Pendant :..

Après :..

J'ai aimé :

....

....

....

Mon paysage préféré :

....

....

....

Un moment magique :

....

....

....

Mes difficultés :

....

....

....

Mes notes personnelles sur cette sortie

Sortie du : ....
Lieu : ....

Type de sortie :
Marche, Course, Vélo, Cheval, Ski....................................

Préparation :
Documents utilisés pour préparer mon itinéraire : cartes,
livres, internet....................................
....

Lieu de départ : ....

Couleur du balisage : ....

Durée annoncée : ....

Météo prévue : ....

Itinéraire :
je trace dans ce cadre mon itinéraire

Compagnons de sortie :

Destination principale :

Heures :

départ : .... arrivée : ....
Durée totale ....

Kilomètres parcourus : ....

Nombre de pas : .... de calories : ....

Dénivelé : ....

Météo réelle : ....

Ma forme physique :

Avant : ....

Pendant : ....

Après : ....

J'ai aimé :

Mon paysage préféré :

Un moment magique :

Mes difficultés :

Mes notes personnelles sur cette sortie

Sortie du : ....
Lieu : ....

Type de sortie :
Marche, Course, Vélo, Cheval, Ski..

Préparation :
Documents utilisés pour préparer mon itinéraire : cartes,

livres, internet..

....

Lieu de départ :..

Couleur du balisage : ....

Durée annoncée : ....

Météo prévue : ....

Itinéraire :
je trace dans ce cadre mon itinéraire

Compagnons de sortie :

....

....

Destination principale :

....

Heures :

départ : .... arrivée : ....

Durée totale ....

Kilomètres parcourus : ....

Nombre de pas : .... de calories : ....

Dénivelé : ....

Météo réelle : ....

Ma forme physique :

Avant : ....

Pendant : ....

Après : ....

J'ai aimé :

Mon paysage préféré :

Un moment magique :

Mes difficultés :

Mes notes personnelles sur cette sortie

Sortie du :
Lieu :

Type de sortie :
Marche, Course, Vélo, Cheval, Ski

Préparation :
Documents utilisés pour préparer mon itinéraire : cartes, livres, internet

Lieu de départ :

Couleur du balisage :

Durée annoncée :

Météo prévue :

Itinéraire :
je trace dans ce cadre mon itinéraire

Compagnons de sortie :

....

....

Destination principale :

....

Heures :

départ :................................arrivée :..............................

Durée totale ....

Kilomètres parcourus :.................................

Nombre de pas :................de calories :............

Dénivelé :..

Météo réelle :.......................................

Ma forme physique :

Avant :...

Pendant :..

Après :..

J'ai aimé :

....

....

....

Mon paysage préféré :

....

....

....

Un moment magique :

....

....

....

Mes difficultés :

....

....

....

Mes notes personnelles sur cette sortie

Sortie du : ....
Lieu : ....

Type de sortie :
Marche, Course, Vélo, Cheval, Ski....................................

Préparation :
Documents utilisés pour préparer mon itinéraire : cartes,

livres, internet....................................

....

Lieu de départ : ....

Couleur du balisage : ....

Durée annoncée : ....

Météo prévue : ....

Itinéraire :
je trace dans ce cadre mon itinéraire

Compagnons de sortie :

....

....

Destination principale :

....

Heures :

départ :..arrivée :...................................

Durée totale ....

Kilomètres parcourus :..

Nombre de pas :..................de calories :...................

Dénivelé :...

Météo réelle :...

Ma forme physique :

Avant :..

Pendant :..

Après :..

J'ai aimé :

....

....

....

Mon paysage préféré :

....

....

....

Un moment magique :

....

....

....

Mes difficultés :

....

....

....

Mes notes personnelles sur cette sortie

Sortie du : ....
Lieu : ....

Type de sortie :
Marche, Course, Vélo, Cheval, Ski..

Préparation :
Documents utilisés pour préparer mon itinéraire : cartes,

livres, internet..

Lieu de départ :..

Couleur du balisage : ....

Durée annoncée : ....

Météo prévue : ....

Itinéraire :
je trace dans ce cadre mon itinéraire

Compagnons de sortie :

....

....

Destination principale :

....

Heures :

départ : .... arrivée : ....

Durée totale ....

Kilomètres parcourus : ....

Nombre de pas : .... de calories : ....

Dénivelé : ....

Météo réelle : ....

Ma forme physique :

Avant : ....

Pendant : ....

Après : ....

J'ai aimé :

....

....

....

Mon paysage préféré :

....

....

....

Un moment magique :

....

....

....

Mes difficultés :

....

....

....

Mes notes personnelles sur cette sortie

Sortie du : ....
Lieu : ....

Type de sortie :
Marche, Course, Vélo, Cheval, Ski..

Préparation :
Documents utilisés pour préparer mon itinéraire : cartes,

livres, internet..

....

Lieu de départ : ....

Couleur du balisage : ....

Durée annoncée : ....

Météo prévue : ....

Itinéraire :
je trace dans ce cadre mon itinéraire

Compagnons de sortie :

....

....

Destination principale :

....

Heures :

départ :.............................. arrivée :.............................

Durée totale ....

Kilomètres parcourus :...

Nombre de pas :................ de calories :...............

Dénivelé :..

Météo réelle :..

Ma forme physique :

Avant :...

Pendant :...

Après :...

J'ai aimé :

....

....

....

Mon paysage préféré :

....

....

....

Un moment magique :

....

....

....

Mes difficultés :

....

....

....

Mes notes personnelles sur cette sortie

Sortie du : ....
Lieu : ....

Type de sortie :
Marche, Course, Vélo, Cheval, Ski..

Préparation :
Documents utilisés pour préparer mon itinéraire : cartes,

livres, internet...

....

Lieu de départ : ....

Couleur du balisage : ....

Durée annoncée : ....

Météo prévue : ....

Itinéraire :
je trace dans ce cadre mon itinéraire

Compagnons de sortie :

....

....

Destination principale :

....

Heures :

départ : .... arrivée : ....

Durée totale ....

Kilomètres parcourus : ....

Nombre de pas : .... de calories : ....

Dénivelé : ....

Météo réelle : ....

Ma forme physique :

Avant : ....

Pendant : ....

Après : ....

J'ai aimé :

....

....

....

Mon paysage préféré :

....

....

....

Un moment magique :

....

....

....

Mes difficultés :

....

....

....

Mes notes personnelles sur cette sortie

Sortie du : ....
Lieu : ....

Type de sortie :
Marche, Course, Vélo, Cheval, Ski...

Préparation :
Documents utilisés pour préparer mon itinéraire : cartes,

livres, internet...

....

Lieu de départ : ....

Couleur du balisage : ....

Durée annoncée : ....

Météo prévue : ....

Itinéraire :
je trace dans ce cadre mon itinéraire

Compagnons de sortie :

....

....

Destination principale :

....

Heures :

départ :...arrivée :..

Durée totale ....

Kilomètres parcourus :...

Nombre de pas :...................de calories :....................

Dénivelé :..

Météo réelle :..

Ma forme physique :

Avant :...

Pendant :...

Après :...

J'ai aimé :

Mon paysage préféré :

Un moment magique :

Mes difficultés :

Mes notes personnelles sur cette sortie

Sortie du : ....
Lieu : ....

Type de sortie :
Marche, Course, Vélo, Cheval, Ski..

Préparation :
Documents utilisés pour préparer mon itinéraire : cartes,

livres, internet..

....

Lieu de départ : ....

Couleur du balisage : ....

Durée annoncée : ....

Météo prévue : ....

Itinéraire :
je trace dans ce cadre mon itinéraire

Compagnons de sortie :

....

....

Destination principale :

....

Heures :

départ :...arrivée :................................

Durée totale ....

Kilomètres parcourus :..

Nombre de pas :.....................de calories :................

Dénivelé :...

Météo réelle :...

Ma forme physique :

Avant :...

Pendant :...

Après :...

J'ai aimé :

Mon paysage préféré :

Un moment magique :

Mes difficultés :

Mes notes personnelles sur cette sortie

Sortie du : ....
Lieu : ....

Type de sortie :
Marche, Course, Vélo, Cheval, Ski..

Préparation :
Documents utilisés pour préparer mon itinéraire : cartes,

livres, internet..

....

Lieu de départ :..

Couleur du balisage :..

Durée annoncée :..

Météo prévue :..

Itinéraire :
je trace dans ce cadre mon itinéraire

Compagnons de sortie :

....

....

Destination principale :

....

Heures :

départ :..................................... arrivée :...........................

Durée totale ....

Kilomètres parcourus :

Nombre de pas :.................. de calories :................

Dénivelé :...

Météo réelle :...

Ma forme physique :

Avant :..

Pendant :..

Après :..

J'ai aimé :

....

....

....

Mon paysage préféré :

....

....

....

Un moment magique :

....

....

....

Mes difficultés :

....

....

....

Mes notes personnelles sur cette sortie

Sortie du : ....
Lieu : ....

Type de sortie :
Marche, Course, Vélo, Cheval, Ski..

Préparation :
Documents utilisés pour préparer mon itinéraire : cartes,

livres, internet...

....

Lieu de départ :...

Couleur du balisage : ....

Durée annoncée : ....

Météo prévue : ....

Itinéraire :
je trace dans ce cadre mon itinéraire

Compagnons de sortie :

Destination principale :

Heures :

départ : .... arrivée : ....

Durée totale ....

Kilomètres parcourus : ....

Nombre de pas : .... de calories : ....

Dénivelé : ....

Météo réelle : ....

Ma forme physique :

Avant : ....

Pendant : ....

Après : ....

J'ai aimé :

Mon paysage préféré :

Un moment magique :

Mes difficultés :

Mes notes personnelles sur cette sortie

Sortie du : ....

Lieu : ....

Type de sortie :
Marche, Course, Vélo, Cheval, Ski..

Préparation :
Documents utilisés pour préparer mon itinéraire : cartes,
livres, internet..
....

Lieu de départ : ....

Couleur du balisage : ....

Durée annoncée : ....

Météo prévue : ....

Itinéraire :
je trace dans ce cadre mon itinéraire

Compagnons de sortie :

....

....

Destination principale :

....

Heures :

départ :...arrivée :.................................

Durée totale ....

Kilomètres parcourus :...

Nombre de pas :..................de calories :.........................

Dénivelé : ....

Météo réelle : ....

Ma forme physique :

Avant :...

Pendant :..

Après :...

J'ai aimé :

....

....

....

Mon paysage préféré :

....

....

....

Un moment magique :

....

....

....

Mes difficultés :

....

....

....

Mes notes personnelles sur cette sortie

Sortie du : ....
Lieu : ....

Type de sortie :
Marche, Course, Vélo, Cheval, Ski...

Préparation :
Documents utilisés pour préparer mon itinéraire : cartes,

livres, internet...

Lieu de départ : ....

Couleur du balisage : ....

Durée annoncée : ....

Météo prévue : ....

Itinéraire :
je trace dans ce cadre mon itinéraire

Compagnons de sortie :

....

....

Destination principale :

....

Heures :

départ :...arrivée :...

Durée totale ....

Kilomètres parcourus :...

Nombre de pas :......................... de calories :.....................

Dénivelé : ....

Météo réelle : ....

Ma forme physique :

Avant :...

Pendant :..

Après :...

J'ai aimé :

....

....

....

Mon paysage préféré :

....

....

....

Un moment magique :

....

....

....

Mes difficultés :

....

....

....

Mes notes personnelles sur cette sortie

Sortie du : ....
Lieu : ....

Type de sortie :
Marche, Course, Vélo, Cheval, Ski..

Préparation :
Documents utilisés pour préparer mon itinéraire : cartes,

livres, internet..

....

Lieu de départ : ....

Couleur du balisage : ....

Durée annoncée : ....

Météo prévue : ....

Itinéraire :
je trace dans ce cadre mon itinéraire

Compagnons de sortie :

....

....

Destination principale :

....

Heures :

départ :.. arrivée :.................................

Durée totale ....

Kilomètres parcourus :..

Nombre de pas :.................. de calories :...................

Dénivelé : ....

Météo réelle : ....

Ma forme physique :

Avant :...

Pendant :..

Après :..

J'ai aimé :

....

....

....

Mon paysage préféré :

....

....

....

Un moment magique :

....

....

....

Mes difficultés :

....

....

....

Mes notes personnelles sur cette sortie

Sortie du : ....
Lieu : ....

Type de sortie :
Marche, Course, Vélo, Cheval, Ski..

Préparation :
Documents utilisés pour préparer mon itinéraire : cartes,
livres, internet..
....

Lieu de départ : ....

Couleur du balisage : ....

Durée annoncée : ....

Météo prévue : ....

Itinéraire :
je trace dans ce cadre mon itinéraire

Compagnons de sortie :

....

....

Destination principale :

....

Heures :

départ :..arrivée :...............................

Durée totale ....

Kilomètres parcourus :...

Nombre de pas :...................de calories :.............................

Dénivelé :..

Météo réelle :...

Ma forme physique :

Avant :..

Pendant :...

Après :...

J'ai aimé :

....

....

....

Mon paysage préféré :

....

....

....

Un moment magique :

....

....

....

Mes difficultés :

....

....

....

Mes notes personnelles sur cette sortie

Sortie du : ....

Lieu : ....

Type de sortie :
Marche, Course, Vélo, Cheval, Ski...

Préparation :
Documents utilisés pour préparer mon itinéraire : cartes,
livres, internet...
....

Lieu de départ : ....

Couleur du balisage : ....

Durée annoncée : ....

Météo prévue : ....

Itinéraire :
je trace dans ce cadre mon itinéraire

Compagnons de sortie :

....

....

Destination principale :

....

Heures :

départ : .... arrivée : ....

Durée totale ....

Kilomètres parcourus : ....

Nombre de pas : .... de calories : ....

Dénivelé : ....

Météo réelle : ....

Ma forme physique :

Avant : ....

Pendant : ....

Après : ....

J'ai aimé :

....

....

....

Mon paysage préféré :

....

....

....

Un moment magique :

....

....

....

Mes difficultés :

....

....

....

Mes notes personnelles sur cette sortie

Sortie du : ....
Lieu : ....

Type de sortie :
Marche, Course, Vélo, Cheval, Ski..

Préparation :
Documents utilisés pour préparer mon itinéraire : cartes,

livres, internet..

....

Lieu de départ : ....

Couleur du balisage : ....

Durée annoncée : ....

Météo prévue : ....

Itinéraire :
je trace dans ce cadre mon itinéraire

Compagnons de sortie :

....

....

Destination principale :

....

Heures :

départ :...................................... arrivée :...............................

Durée totale ....

Kilomètres parcourus :..

Nombre de pas :................ de calories :....................

Dénivelé :..

Météo réelle :..

Ma forme physique :

Avant :...

Pendant :..

Après :...

J'ai aimé :

....

....

....

Mon paysage préféré :

....

....

....

Un moment magique :

....

....

....

Mes difficultés :

....

....

....

Mes notes personnelles sur cette sortie

Sortie du : ....
Lieu : ....

Type de sortie :
Marche, Course, Vélo, Cheval, Ski..

Préparation :
Documents utilisés pour préparer mon itinéraire : cartes,
livres, internet..
....

Lieu de départ : ....

Couleur du balisage : ....

Durée annoncée : ....

Météo prévue : ....

Itinéraire :
je trace dans ce cadre mon itinéraire

Compagnons de sortie :

....

....

Destination principale :

....

Heures :

départ :..arrivée :..

Durée totale ....

Kilomètres parcourus :...

Nombre de pas :..................de calories :.................

Dénivelé :..

Météo réelle :...

Ma forme physique :

Avant :..

Pendant :...

Après :..

J'ai aimé :

Mon paysage préféré :

Un moment magique :

Mes difficultés :

Mes notes personnelles sur cette sortie

Sortie du : ....
Lieu : ....

Type de sortie :
Marche, Course, Vélo, Cheval, Ski..

Préparation :
Documents utilisés pour préparer mon itinéraire : cartes,

livres, internet..

....

Lieu de départ : ....

Couleur du balisage : ....

Durée annoncée : ....

Météo prévue : ....

Itinéraire :
je trace dans ce cadre mon itinéraire

Compagnons de sortie :

....

....

Destination principale :

....

Heures :

départ :...arrivée :................................

Durée totale ....

Kilomètres parcourus :.......................................

Nombre de pas : ....

Dénivelé : ....

Météo réelle : ....

Ma forme physique :

Avant :..

Pendant :..

Après :..

J'ai aimé :

....

....

....

Mon paysage préféré :

....

....

....

Un moment magique :

....

....

....

Mes difficultés :

....

....

....

Mes notes personnelles sur cette sortie

Sortie du : ....
Lieu : ....

Type de sortie :
Marche, Course, Vélo, Cheval, Ski..

Préparation :
Documents utilisés pour préparer mon itinéraire : cartes,

livres, internet..

....

Lieu de départ :..

Couleur du balisage : ....

Durée annoncée : ....

Météo prévue : ....

Itinéraire :
je trace dans ce cadre mon itinéraire

Compagnons de sortie :

....

....

Destination principale :

....

Heures :

départ :..arrivée :..

Durée totale ....

Kilomètres parcourus :..

Nombre de pas :................ de calories :................

Dénivelé :..

Météo réelle :..

Ma forme physique :

Avant :..

Pendant :..

Après :..

J'ai aimé :

....

....

....

Mon paysage préféré :

....

....

....

Un moment magique :

....

....

....

Mes difficultés :

....

....

....

Mes notes personnelles sur cette sortie

Sortie du : ....
Lieu : ....

Type de sortie :
Marche, Course, Vélo, Cheval, Ski....................................

Préparation :
Documents utilisés pour préparer mon itinéraire : cartes,

livres, internet....................................

....

Lieu de départ :....................................

Couleur du balisage : ....

Durée annoncée : ....

Météo prévue : ....

Itinéraire :
je trace dans ce cadre mon itinéraire

Compagnons de sortie :

....

....

Destination principale :

....

Heures :

départ :...................................arrivée :.............................
Durée totale ....

Kilomètres parcourus :...

Nombre de pas :.............de calories :................................

Dénivelé : ....

Météo réelle : ....

Ma forme physique :

Avant :...

Pendant :...

Après :...

J'ai aimé :

....

....

....

Mon paysage préféré :

....

....

....

Un moment magique :

....

....

....

Mes difficultés :

....

....

....

Mes notes personnelles sur cette sortie

Sortie du : ....
Lieu : ....

Type de sortie :
Marche, Course, Vélo, Cheval, Ski..

Préparation :
Documents utilisés pour préparer mon itinéraire : cartes,
livres, internet..
....

Lieu de départ : ....

Couleur du balisage : ....

Durée annoncée : ....

Météo prévue : ....

Itinéraire :
je trace dans ce cadre mon itinéraire

Compagnons de sortie :

....

....

Destination principale :

....

Heures :

départ :.. arrivée :...

Durée totale ....

Kilomètres parcourus :...

Nombre de pas :................. de calories :...................

Dénivelé : ....

Météo réelle : ....

Ma forme physique :

Avant :...

Pendant :...

Après :...

J'ai aimé :

Mon paysage préféré :

Un moment magique :

Mes difficultés :

Mes notes personnelles sur cette sortie

Sortie du : ....
Lieu : ....

Type de sortie :
Marche, Course, Vélo, Cheval, Ski...

Préparation :
Documents utilisés pour préparer mon itinéraire : cartes,

livres, internet..

....

Lieu de départ :..

Couleur du balisage : ....

Durée annoncée : ....

Météo prévue : ....

Itinéraire :
je trace dans ce cadre mon itinéraire

Compagnons de sortie :

....

....

Destination principale :

....

Heures :

départ :.............................. arrivée :.............................

Durée totale ....

Kilomètres parcourus :...............................

Nombre de pas :................ de calories :..........

Dénivelé : ....

Météo réelle : ....

Ma forme physique :

Avant :...

Pendant :...

Après :..

J'ai aimé :

....

....

....

Mon paysage préféré :

....

....

....

Un moment magique :

....

....

....

Mes difficultés :

....

....

Mes notes personnelles sur cette sortie

Mes projets
de sorties

Lieu :

Indications :

Lieu de départ :

Couleur du balisage :

Distance :

Dénivelé :

A faire au mois de :

Autres indications :

Lieu :

Indications :

Lieu de départ :

Couleur du balisage :

Distance :

Dénivelé :

A faire au mois de :

Autres indications :

Lieu :

Indications :

Lieu de départ :

Couleur du balisage :

Distance :

Dénivelé :

A faire au mois de :

Autres indications :

Lieu :

Indications :

Lieu de départ :

Couleur du balisage :

Distance :

Dénivelé :

A faire au mois de :

Autres indications :

Lieu : ....

Indications : ....
....
....

Lieu de départ : ....
Couleur du balisage : ....
Distance : ....
Dénivelé : ....
A faire au mois de : ....

Autres indications : ....
....
....

Lieu : ....

Indications : ....

....

....

Lieu de départ : ....

Couleur du balisage : ....

Distance : ....

Dénivelé : ....

A faire au mois de : ....

Autres indications : ....

....

....

Lieu : ....

Indications : ....

....

....

Lieu de départ : ....

Couleur du balisage : ....

Distance : ....

Dénivelé : ....

A faire au mois de : ....

Autres indications : ....

....

....

Lieu : ....

Indications : ....
....
....

Lieu de départ : ....
Couleur du balisage : ....
Distance : ....
Dénivelé : ....
A faire au mois de : ....

Autres indications : ....
....
....

Lieu :

Indications :

Lieu de départ :

Couleur du balisage :

Distance :

Dénivelé :

A faire au mois de :

Autres indications :

Lieu : ....

Indications : ....

....

....

Lieu de départ : ....

Couleur du balisage : ....

Distance : ....

Dénivelé : ....

A faire au mois de : ....

Autres indications : ....

....

....

Lieu : ....

Indications : ....
....
....

Lieu de départ : ....
Couleur du balisage : ....
Distance : ....
Dénivelé : ....
A faire au mois de : ....

Autres indications : ....
....
....

Lieu : ....

Indications : ....

....

....

Lieu de départ : ....

Couleur du balisage : ....

Distance : ....

Dénivelé : ....

A faire au mois de : ....

Autres indications : ....

....

....

Lieu :

Indications :

Lieu de départ :

Couleur du balisage :

Distance :

Dénivelé :

A faire au mois de :

Autres indications :

Lieu : ....

Indications : ....

....

....

Lieu de départ : ....

Couleur du balisage : ....

Distance : ....

Dénivelé : ....

A faire au mois de : ....

Autres indications : ....

....

....

Lieu :

Indications :

Lieu de départ :

Couleur du balisage :

Distance :

Dénivelé :

A faire au mois de :

Autres indications :

Lieu :

Indications :

Lieu de départ :

Couleur du balisage :

Distance :

Dénivelé :

A faire au mois de :

Autres indications :

Mon matériel

Matériel	Date d'achat	Magasin	Marque	Prix	Poids	Cassé, perdu, mis au rebus, revendu, ...le

Retrouvez dans la même collection :

- ➤ Le journal de ma thérapie
- ➤ Le journal de mes réceptions
- ➤ Le journal de mes invitations
- ➤ Le journal de mes voyages
- ➤ Le journal de mes sorties culturelles
- ➤ Le journal de mes sorties au restaurant
- ➤ Le journal de mes musiques préférées
- ➤ Le journal des phrases et citations que j'aime

Retrouvez chez le même éditeur :

Pour vous accompagner dans vos régimes alimentaires, je vous recommande les livres de Cédric Ménard, diététicien-nutritionniste :

Sur son site internet :

www.cedricmenardnutritionniste.com

vous pourrez commander le carnet diététique qui correspond à votre profil.

A bientôt.